**Bibliografische Information der Deutschen Nationalbibliothek:**

Die Deutsche Bibliothek verzeichnet diese Publikation in der Deutschen National-
bibliografie; detaillierte bibliografische Daten sind im Internet über http://dnb.d-
nb.de/ abrufbar.

**Impressum:**

Copyright © 2016 GRIN Verlag, Open Publishing GmbH
Druck und Bindung: Books on Demand GmbH, Norderstedt Germany
ISBN: 9783668264380

**Dieses Buch bei GRIN:**

http://www.grin.com/de/e-book/322519/jahresabschlussanalyse-controlling-kosten-
rechnung

Christian Krenz

# Jahresabschlussanalyse, Controlling, Kostenrechnung

GRIN Verlag

**GRIN - Your knowledge has value**

Der GRIN Verlag publiziert seit 1998 wissenschaftliche Arbeiten von Studenten, Hochschullehrern und anderen Akademikern als eBook und gedrucktes Buch. Die Verlagswebsite www.grin.com ist die ideale Plattform zur Veröffentlichung von Hausarbeiten, Abschlussarbeiten, wissenschaftlichen Aufsätzen, Dissertationen und Fachbüchern.

**Besuchen Sie uns im Internet:**

http://www.grin.com/

http://www.facebook.com/grincom

http://www.twitter.com/grin_com

Deutsche Hochschule für
Prävention und Gesundheitsmanagement
Hermann Neuberger Sportschule 3
66123 Saarbrücken

# Einsendeaufgabe

**Fachmodul:**          Betriebswirtschaftslehre III

**Studiengang:**        Bachelor of Arts Sportökonomie

**Name, Vorname:**      Krenz, Christian

**Semester:**           **Sommersemester 2014**

# Inhaltsverzeichnis

# 1 Jahresabschlussanalyse

## 1.1 Teilanalysen der Jahresabschlussanalyse

### 1.1.1 Vertikale Strukturanalyse (Passivseite)

Tabelle 1: Eigenkapitalquote

| (Eigenkapital / Gesamtkapital) * 100 | = Eigenkapitalquote |
|---|---|
| (1.041,3 / 1.992,0) * 100 | = 52,27% (2013) |
| (1.281,2 / 2.221,5) * 100 | = 57,67% (2014) |

Tabelle 2: Fremdkapitalquote

| (Fremdkapital / Gesamtkapital) * 100 | = Fremdkapitalquote |
|---|---|
| (950,7 / 1.992,0) * 100 | = 47,73% (2013) |
| (940,3 / 2.221,5) * 100 | = 42,33% (2014) |

Tabelle 3: Verschuldungsgrad

| (Fremdkapital / Eigenkapital) * 100 | = Verschuldungsgrad |
|---|---|
| (950,7 / 1.041,3) * 100 | = 91,30 % (2013) |
| (940,3 / 1.281,2) * 100 | = 73,39 % (2014) |

Tabelle 4: Kapitalumschlagshäufigkeit

| (Umsatz / durchschnittliches Gesamtkapital) | = Kapitalumschlagshäufigkeit |
|---|---|
| (Gesamtkapital 2013 + Gesamtkapital 2014) / 2 | = Durchschnittliches Gesamtkapital |
| ( 1.992,0 + 2.221,5) / 2 = 2.106,75 | = Durchschnittliches Gesamtkapital |
| 2.657,0 / 2.106,75 | = 1,26 (USH(K) 2013) |
| 3.150,257 / 2.106,75 | = 1,50 (USH(K) 2014) |

## 1.1.2    Kurzfristige Finanzanalyse

**Tabelle 5: Liquidität 1. Grades**

| (Zahlungsmittelbestand / kurzfr. Verbindlichkeiten)* 100 | = Liquidität 1. Grades |
|---|---|
| (167,1 / 335,1) * 100 | = 49,87%  (2013) |
| (199,5 / 265,1) * 100 | = 75,25%  (2014) |

**Tabelle 6: Fremdkapitalzinsen**

| Fremdkapitalzinssatz * langfristige Verbindlichkeiten / 100 | = Fremdkapitalzinsen |
|---|---|
| 3,57% * 490,7 / 100 | = 17,52  (2013) |
| 2,15% * 555,4 / 100 | = 11,94  (2014) |

**Tabelle 7: Gesamtkapitalrentabilität**

| [(Gewinn + Fremdkapitalzinsen) / Gesamtkapital] * 100 | = Gesamtkapitalrentabilität |
|---|---|
| Gesamtkapitalrentabilität / 100 * Gesamtkapital - Fremd-kapitalzinsen | = Gewinn |
| 10,12% / 100 * 1.992,0 - 17,52 | = 184,07  (2013) |
| 11,34% / 100 * 2.221,5 – 11,94 | = 239,98  (2014) |

**Tabelle 8: Cash-flow**

| Gewinn + Abschreibungen | = Cash-flow |
|---|---|
| 184,07 + 68,0 | = 252,07  (2013) |
| 239,98 + 124,0 | = 363,98  (2014) |

**Tabelle 9: Working capital**

| Umlaufvermögen – kurzfristige Verbindlichkeiten | = Working capital |
|---|---|
| 728,1 - 335,1 | = 393  (2013) |
| 721,1 - 265,1 | = 456  (2014) |

### 1.1.3 Erfolgsanalyse (Rentabilitätskennzahlen)

**Tabelle 10: Gewinnänderungsrate**

| Gewinn Geschäftsjahr / Gewinn Vorjahr * 100 | = Gewinnänderungsrate |
|---|---|
| 239,98 / 184,07 * 100 | = 130,37 % |

**Tabelle 11: Eigenkapitalrentabilität**

| (Gewinn / Eigenkapital) * 100 | = Eigenkapitalrentabilität |
|---|---|
| (184,07 / 1.041,3) * 100 | = 17,68% (2013) |
| (239,98 / 1.281,2) * 100 | = 18,73% (2014) |

**Tabelle 12: Umsatzrentabilität**

| (Gewinn / Umsatz) *100 | = Umsatzrentabilität |
|---|---|
| (184,07 / 2.657,0) * 100 | = 6,93% (2013) |
| (239,98 / 3.150,257) * 100 | = 7,62% (2014) |

## 1.2 Wirtschaftliche Entwicklung

### 1.2.1 Eigenkapitalquote

Das Eigenkapital ist der Anteil des Kapitals, der den Anteilseignern gehört (Heesen, Gruber, 2011). Die Eigenkapitalquote drückt den Grad der wirtschaftlichen Selbständigkeit aus. Je höher die Eigenkapitalquote, desto unabhängiger ist ein Unternehmen von Fremdkapitalgebern. Die Eigenkapitalquote ist das Maß der Sicherheit und Unabhängigkeit (Brecht, 2012, S.177). Aufgrund der Tatsache, dass in Abgrenzung zum Fremdkapital keine Zinsen gezahlt werden müssen weshalb, 20 Prozent als akzeptabel gelten (Heesen und Gruber, 2011, S. 138).

In dem vorliegenden Fall findet bei dem Unternehmen eine Erhöhung der Eigenkapitalquote von 52,27 auf 57,27 Prozent statt, was als sehr ordentlicher Wert einzustufen ist.

### 1.2.2 Fremdkapitalquote

Fremdkapital sind Verbindlichkeiten, die nach einer bestimmten Zeit zurückgezahlt werden müssen. Zu eigentlichen Summe beispielsweise eines Kredites können zusätzlich auch Zinsen anfallen (vgl. Schuster & Collenberg, 2015, S.115).

Die Fremdkapitalquote ist das Pendant zur Eigenkapitalquote. Sie sollte möglichst niedrig gehalten werden, da eine hohe Quote auch das Insolvenzrisiko eines Unternehmens erhöht (vgl. Schuster & Collenberg, 2015, S. 85). Das vorliegende Unternehmen konnte ihre Quote um 5,4 Prozent senken, was auf gutes Wirtschaften im Unternehmen hindeutet. Der von Schuster & Collenberg empfohlene Wert von 70 Prozent (2015, S. 85) wird mit 42,33 Prozent aus dem Jahr 2014 mehr als deutlich unterschritten, was damit auf eine sehr gute wirtschaftliche Lage schließen lässt.

### 1.2.3  Verschuldungsgrad

Um den finanziellen Status des Unternehmens zu klären muss zuerst die Verschuldungsfrage geklärt werden. Dafür wird das Fremdkapital zum Eigenkapital in Beziehung gesetzt (vgl. Antoine, 1958, S.38).

Aus dem Verschuldungsgrad wird zudem ersichtlich, welche Bedeutung die einzelnen eigenkapitalähnlichen Mittel für die Eigenkapitalausstattung besitzen (vgl. Botsis et al., 2015, S. 125). Niedrige Werte deuten auf eine gesunde Entwicklung des Unternehmens hin. Das Unternehmen XY ist mit einem verzeichneten Rückgang von 17,91 Prozent also auf dem richtigen Weg. Der Wert von 73,39 Prozent aus dem Jahr 2014 prognostiziert eine gesicherte Finanzierung.

### 1.2.4  Kapitalumschlagshäufigkeit

Der Kapitalumschlag multipliziert mit der Umsatzgewinnrate setzt den ROI zusammen (Amann & Petzold, 2014, S. 161). Es geht also um die Relation von Umsatz zu investiertem Kapital in dem dargestellt wird, wie oft während eines Geschäftsjahres das Kapital durch den Umsatzprozess umgeschlagen wird (vgl. Brecht, 2012, S. 181). Brecht definiert sie genauer als das Maß der Nutzung der Vermögensgegenstände (2012, S. 181). Hat die Berechnung des Kapitalumschlags eine „1" als Ergebnis, so hat sich das Kapital genau einmal reproduziert. Eine größere Zahl bedeutet auch eine höhere Produktivität. Der vorliegende Quotiente des Unternehmens XY in Höhe von 1,5 liegt in einem „ausreichenden" bis „guten" Bereich (vgl. Heesen, Gruber 2011, S. 117).

### 1.2.5  Liquidität 1. Grades

Hierbei geht es kurz gesagt um die Sicherung der Liquidität (vgl. Brecht, 2012, S. 185). Diese Kennzahl verrät, zu wie viel Prozent ein Unternehmen kurzfristige Verbindlichkeiten durch zur Verfügung stehende Zahlungsmittel, wie Bargeld und Bankguthaben, begleichen kann (vgl. Schuster & Collenberg, 2015, S.89). Nach Schuster & Collenberg sollte diese Zahl für etablierte Unternehmen rund 20% betragen (2015, S.89). Die zugrunde liegende Bilanz des Unternehmens XY liegt mit den in der Entwicklung steigenden Werten deutlich über dem Richtwert. Lag der Wert 2013 noch bei 49,87 Prozent, so stieg er 2014 bereits auf 75,25 Prozent an. Die Zukunft des Unternehmens kann in diesem Wert demnach als positiv prognostiziert werden. Ein Wert von 100 Prozent würde bedeuten allen anfallenden Zahlungsverpflichtungen mit eigenen liquiden Mitteln nachkommen zu können. Kurzfristigen Verbindlichkeiten könnten allerdings auch durch Forderungen und Vorräte gedeckt werden, sollte der Wert niedriger sein. Ist der Wert zu niedrig, droht die Zahlungsunfähigkeit. Eine hohe Liquidität 1. Grades bedeutet hingegen, dass diese Mittel nicht in langfristige Anlagen investiert sind, die sehr rentabel sein können, und somit einem Unternehmen hohe Zinseinnahmen verwehrt bleiben (Schuster & Collenberg, 2015, S.89). Bei höherer Unsicherheit, wie etwa bei Start-up-Unternehmen, sollte die Liquidität 1. Grades zwischen 30 und 50 Prozent liegen. Im Vergleich zu den zwei anderen Liquiditätsgraden sollte dieser insgesamt niedriger sein (vgl. Schuster & Collenberg, 2015, S.89).

### 1.2.6 Cash-flow

Hier wird die Innenfinanzierungskraft eines Unternehmens zum Ausdruck gebracht, indem angezeigt wird in welcher Höhe dem Unternehmen finanzielle Mittel infolge der Geschäftstätigkeit netto zugeflossen sind (vgl. Brecht, 2012, S. 181). Ermittelt wird er meist über den Jahresüberschuss. Da er nicht zahlungswirksam ist kann der Cash Flow als Finanzmittelzufluss zur Tilgung von Schulden, Dividendenzahlungen und zur Aufstockung der Liquidität verwendet werden. Diese Tatsache macht den Cash Flow zu einer der wichtigsten Kennzahlen des Controllings (vgl. Brecht, 2012, S. 181). Auch bei dieser Kennzahl ist eine Steigerung von 252,07 tausend Euro auf 363,98 tausend Euro auszumachen, was einmal mehr Zeugnis guten wirtschaftlichen Handelns ist.

### 1.2.7 Eigenkapitalrentabilität

Hier wird der Gewinn eines Unternehmens mit dem Eigenkapital ins Verhältnis gesetzt (vgl. Schuster & Collenberg, 2015, S.95). Sie wird bestimmt durch die Gesamtkapitalrentabilität und die Kapitalstruktur des Unternehmens (Brecht, 2012, S. 187). Es ist die wichtigste Kennzahl für die Eigenkapitalinhaber, die über einen erhofften Gewinn eine Kapitalmehrung erzielen wollen, die über dem sicheren Bankzins liegt, allerdings mit dem Risiko ihr eingesetztes Geld im schlimmsten Fall auch komplett verlieren zu können (vgl. Schuster & Collenberg, 2015, S.95). Mit dem Wert von 18,73 Prozent liegt das Unternehmen XY jedoch überdurchschnittlich gut. Eine solche hohe Rentabilität schafft Anreize für Investoren und lässt somit den Aktienkurs steigen (vgl. Brecht, 2012, S. 187).

## 1.2.8 Umsatzrentabilität

Die Umsatzrentabilität wird als Quotient aus Betriebsergebnis und Umsatz beschrieben. Sie gibt an, wie erfolgreich das Unternehmen am Markt agiert (Brecht, 2012, S. 181). Brecht nennt es die Gewinnspanne des Unternehmens (2012, S. 181).

Genauer gibt die Kennzahl an, wie viel Gewinn pro Euro Umsatz generiert werden konnte, wobei eine hohe Gewinnspanne natürlich wünschenswert ist (vgl. Schuster & Collenberg, 2015, S.94). Sie ist allerdings für verschiedene Industrien unterschiedlich. Vergleicht man die Werte des Unternehmens XY allerdings mit denen eines durchschnittlichen deutschen DAX-Unternehmens, die nach Schuster & Collenberg mit einer Umsatzrendite von 5,8 Prozent das Jahr 2008 abschlossen so ist der Wert von 6,93 Prozent und 7,62 Prozent aus den Jahren 2013 und 2014 sehr ordentlich (2015, S. 94).

# 2 Controlling

## 2.1 Entwicklung eines Kennzahlensystems

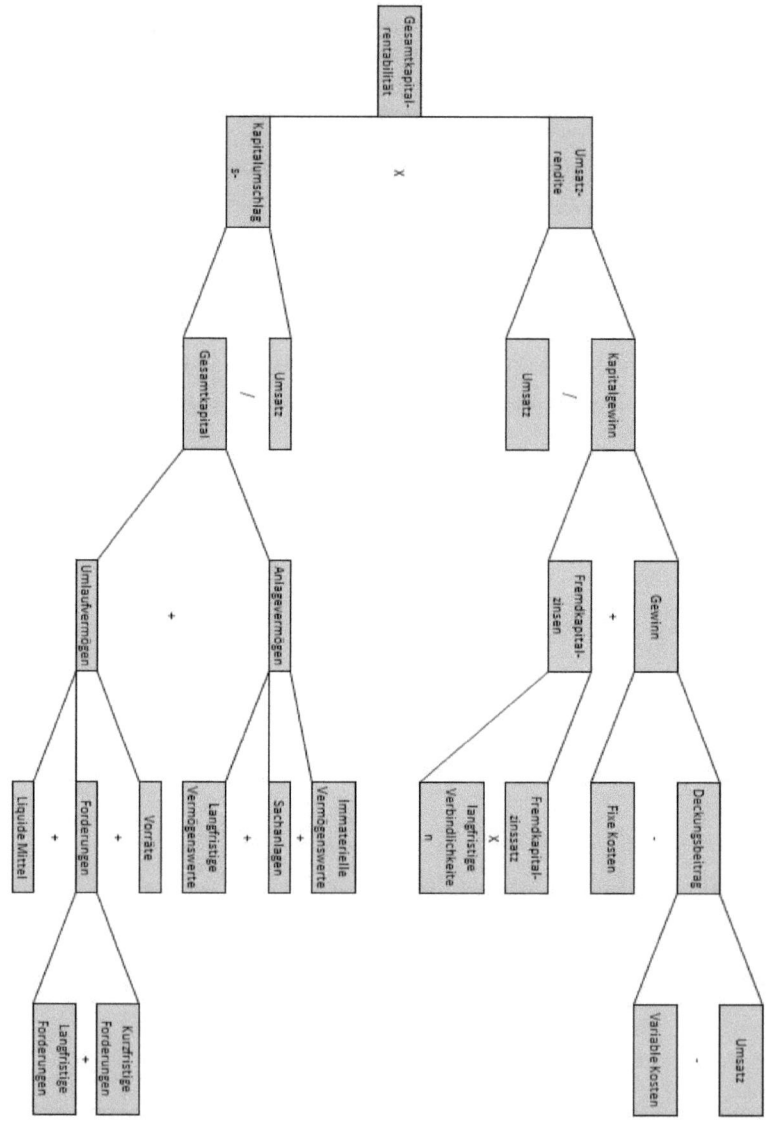

**Abbildung 1: Kennzahlensystem**

## 2.2 Entwicklung eines Controllingsystems

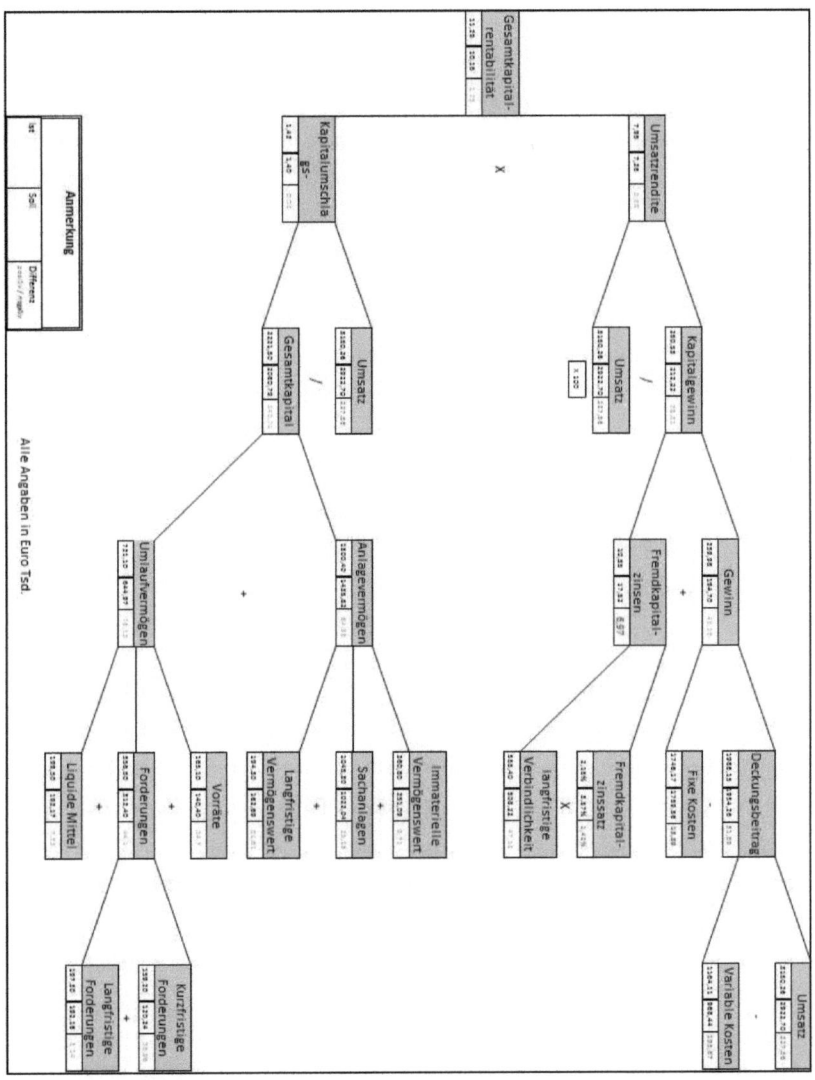

**Abbildung 2: Controllingsystem**

11

## 2.3 Interpretation Controllingsystem

Um mit dem Controllingsystem weiter zu arbeiten und wichtige Daten zu gewinnen wird eine Abweichungsanalyse durchgeführt. Sie kontrolliert die Kosten indem sie die geplanten Kosten den tatsächlich angefallenen Kosten gegenüber stellt. Liegt eine Abweichung vor, so wird versucht deren Einflussfaktoren und Ursachen zu erkennen (vgl. Becker, Lutz & Back, 2011, S. 4). So sollen in Zukunft Abweichungen reduziert werden, um effizienter wirtschaften zu können und letztendlich erfolgreicher zu sein.

### 2.3.1 Forderungen:

Die an einem Workshop zum Forderungsmanagement hat auf jeden Fall einen erkennbaren Einfluss. So haben sich etwa die langfristigen Forderungen im Vergleich zu 2013 deutlich reduziert und die Planzahl nur knapp nicht erreicht. Trotzdem wurde das geplante Ziel mit gut 44 tausend Euro weit verfehlt. Dies hat hauptsächlich mit den kurzfristigen Forderungen zu tun. Statt wie geplant eine Senkung um 10 Prozent zu erreichen ist der Posten um fast 39 tausend Euro gewachsen. Der Einfluss des Workshops wurde wohl etwas überschätzt und man sollte sich mit den möglichen Ursachen noch einmal gezielt auseinander setzen.

### 2.3.2 Liquide Mittel

Für mehr Handlungsspielraum den Lieferanten gegenüber sollten die liquiden Mittel um 15 Prozent erhöht werden, um auf diese Weiße zu erwartende Abflüsse aus dem Zahlungsmittelbestand und mit den erwarteten Zuflüssen abzudecken (vgl. Becker, Lutz & Back, 2011, S. 155). Kann anfallenden Zahlungsanforderungen schneller nachgekommen werden bringt das für das Unternehmen mehr Flexibilität mit sich. Das Unternehmen XY konnte in diesem Fall die Zielvorgabe sogar leicht übertreffen und verschafft sich somit mehr Freiheit, um anfallende Kosten sofort zu begleichen und möglicherweise Preisnachlässe durch Skonto zu bekommen. Dieser Soll-Ist-Vergleich liefert demnach eine positive Differenz in Höhe von 7,33 tausend Euro. Akuter Verbesserungsbedarf besteht also auf dieser Position nicht. Geht hingegen die Entwicklung in dieser Weise weiter, können die liquiden Mittel in Zukunft investiert werden umso Zinsertrag zu erwirtschaften.

### 2.3.3 Vorräte

Die sich immer mehr verbessernden Versandmöglichkeiten wurden zum Anlass genommen mit einem Viertel weniger an Vorräten zu kalkulieren. Die Tragweite dieser Verbesserungen wurde wohl etwas zu stark eingeschätzt. Gegenüber dem Vorjahr ist zwar ein Rückgang zu verzeichnen, trotzdem steht am Ende eine Differenz von knapp 25 tausend Euro an Posten, die den Vorräten zuzuordnen sind und eigentlich hätten abgebaut sein sollen. Erhöhte Lagerbestände wirken sich direkt auf die Kosten aus, da eine Lagerung unter Umständen Miet- und Stromkosten mit sich bringen. Ein hoher Vorratsbestand reduziert aufgrund des Aktvitauschs gleichzeitig den Kontostand der Bank, sowie die Bargeldmenge in der Kasse (vgl. Heesen, Gruber 2011, S. 122). Dieses Geld könnte sich am Ende des Tages in einer schlechten Liquidität äußern. Es könnte außerdem zum Begleichen von Verbindlichkeiten dienen oder zinsbringend investiert werden.

### 2.3.4 Umlaufvermögen

Die Kennzahlen Vorräte, liquide Mittel und Forderungen haben Auswirkungen auf das Umlaufvermögen, welches die Planvorgabe um etwa 76 tausend Euro übertrifft. Die Ursachen finden sich in den einzelnen Kennzahlen wieder und müssen auch einzeln betrachtet werden, um deren Einflüsse auszumachen und im nächsten Jahr gezielt gegensteuern zu können. Ein besonderes Augenmerk liegt in unserem Fall, wie erwähnt auf den kurzfristigen Forderungen und den Vorräten, da hier die größten negativen Entwicklungen verursacht wurden.

### 2.3.5 Anlagevermögen

Auch das Anlagevermögen mit Sachanlagen, langfristigen- und immateriellen Vermögenswerten weicht mit insgesamt knapp 65 tausend Euro deutlich vom Planwert ab und liefert so einen um einiges höheren Wert als angenommen.

Schaut man auf die immateriellen Vermögenswerten, so ist der befürchtete Rückgang als Konsequenz des Verkaufs einer kleinen Eigenmarke nicht in diesem Maße eingetreten, so dass hier bereits ein Plus von fast 10 tausend Euro im Vergleich zum Planwert vorliegt. Immaterielle Vermögenswerte können außerdem Rechte, Lizenzen oder Marken des Unternehmens sein. Genau wie hohe Investitionen in Sachanlagen weisen auch hohe immaterielle Vermögenswerte auf unternehmerischen Erfolg hin.

Für die Modernisierungsmaßnahmen unter dem Posten Sachanlagen wurde mit der Annahme von einer 20 prozentigen Steigerung bereits ein hoher Planwert einkalkuliert, welcher mit gut 23 tausend Euro trotzdem noch über die Erwartungen hinausging. Entweder die Modernisierungsmaßnahmen konnten nicht gut eingeschätzt werden oder es wurde darüber hinaus noch Investitionen getätigt. Unter Sachanlagen fallen beispielsweise Grundstücke, Produktionsmaschinen, Betriebs- und Geschäftsausstattung. Allgemein kann bei hohen Investitionen eines Unternehmens in Sachanlagen auf einen gewissen finanziellen Erfolg des Unternehmens geschlossen werden, der sich in einer Art

Expansion niederschlägt. Möglicherweise hat eine erhöhte Nachfrage die Anschaffung zusätzlicher Maschinen notwendig werden lassen.

Die langfristigen Vermögenswerte weisen im Anlagevermögen die größte Differenz auf. Die angenommenen 10 Prozent Steigerung wurden mit einem Überschuss von knapp 32 tausend Euro mehr als erreicht.

### 2.3.6 Gesamtkapital

Da die beiden Kennzahlen Anlagevermögen und Umlaufvermögen gemeinsam den Wert des Gesamtkapitals beeinflussen, schlägt auch hier mit gut 140 tausend Euro über dem Planwert ein deutlich höherer Ist-Wert zu buche. Die Höhe des Gesamtkapitals schlägt sich auch direkt im Ergebnis der Gesamtkapitalrentabilität nieder.

### 2.3.7 Fremdkapitalzinsen

Zusätzlich zum Gesamtkapital spiegeln sich auch die Fremdkapitalzinsen in der Gesamtkapitalrentabilität wieder. Aufgrund der Prognose des Bankberaters ist das Unternehmen von keiner Erhöhung der Fremdkapitalzinsen ausgegangen. Stattdessen ist der Zins sogar von 3,57 Prozent auf 2,15 Prozent gefallen.

### 2.3.8 Umsatz

Aufgrund gewonnener Erfahrungen in den zurückliegenden Jahren wurde bereits eine optimistische Steigerung des Umsatzes von 10 Prozent als Planvorgabe ausgegeben. Diese Erfahrung wurde wohl nicht stark genug eingeschätzt. Denn entweder über gestiegene Verkaufspreise oder eine höhere Umsatzmenge wurden knapp 228 tausend Euro mehr erwirtschaftet als angenommen.

### 2.3.9 Gesamtkapitalrentabilität

Die Gesamtkapitalrentabilität bildet eine Relation aus Gesamtgewinn zuzüglich Zinsaufwand für das Fremdkapital zum eingesetzten Gesamtkapital (Brecht, 2012, S.180). Sie ist ein Indikator, wie erfolgreich mit dem eingesetzten Eigen- und Fremdkapital gewirtschaftet wurde. Die Kapitalstruktur fließt dabei nicht mit ein (vgl. Brecht, 2012, S.180). Es wird also ganz praktisch der Rückfluss pro eingesetzten Euro berechnet (vgl. Heesen, Gruber 2014, S. 178). Der hierfür ausgewiesene Wert von 11,34 Prozent übersteigt den Soll-Wert um 1,13 Prozent und entspricht somit einem sehr zufriedenstellenden Ergebnis für das Unternehmen.

# 3    Kostenrechnung

## 3.1  Zuschlagskalkulation

**Tabelle 13: Zuschlagskalkulation**

| Einkaufspreis (brutto) | 107,09€ |
|---|---|
| Listeneinkaufspreis (netto) | 89,99€ |
| -Rabatt 3% | 2,70€ |
| =Zieleinkaufspreis | 87,29€ |
| -Skonto 2% | 1,75€ |
| =Barkeinkaufspreis | 85,54€ |
| +Bezugskosten | 2,50€ |
| Bezugspreis/Einstandspreis | 88,04€ |
| +Handlungskosten 60,50% | 53,26€ |
| =Selbstkosten | 141,30€ |
| +Gewinn 32% | 45,22€ |
| =Barverkaufspreis | 186,52€ |
| +Skonto 1% | 1,88€ |
| =Zielverkaufspreis | 188,40€ |
| +Rabatt 5% | 9,92€ |
| =Listenverkaufspreis (netto) | 198,32€ |
| =Verkaufspreis (brutto) | 236,00€ |

Handlungskostenzuschlagsatz = (Gemeinkosten / Einzelkosten) * 100

[(90.000,- + 5,120,- + 104.500,- + 6.550,-) / 340.750,-] * 100 = 60,50 %

## 3.2  Deckungsbeitragsrechnung

Analytiker: Nutzung der Laufbandanalyse: 75 Kaufinteressenten pro Monat.

Von den potenziellen Käufern, die die Laufbandanalyse absolvierten,

erwerben 48 tatsächlich die Schuhe

und bekommen die Hälfte des Preises für die Analyse erstattet.

Umsatz    = Preis * Menge

U        $= p * x$

U        $= 75 * p - 48 * 0,5p$

U        $= 51p$

15

$U - Kv - Kf \ = DB = 0$

**Tabelle 14: entstandene /angefallene Kosten**

| Fixe Kosten (Kf) | Variable Kosten (Kv) |
|---|---|
| **Miete:** | **Provision:** |
| 9500,-€ *15 m² / 1200 m² = 118,75€ | 5,- € * 48 = 240,-€ |
| **Abschreibungen:** | **Nebenkosten:** |
| 4950,-€ (brutto) * 100 / 119 = 4159,66€ (netto) | 118,75€ * 10 / 100 = 11,88 € |
| 4159,66 € / 72 Monate (6 Jahre * 12) = 57,77€ | |
| Kosten insgesamt: 428,40€ | |

**Einsetzen in die Formel:**

$51p - Kv - Kf = DB = 0$

$51p - 428,40 \text{ €} = 0$

$51p \qquad = 428,40 \text{ €}$

$p \qquad = 428,40 \text{ €} / 51$

$p \qquad = 8,40 \text{ €} \text{ (netto)} \ ; \ 10,00 \text{ €} \text{ (brutto)}$

## 3.3 Interpretation einer Deckungsbeitragssituation

Es liegt auf der Hand, dass ein Hersteller daran interessiert ist Produkte mit einem positiven Deckungsbeitrag herzustellen, da so direkt ersichtlich ist, was der Gewinn aus dem eingesetzten Kapital ist. Doch auch wenn es nicht ganz so einfach ist, bei einem negativen Deckungsbeitrag einen eventuellen positiven Effekt zu erkennen, sollte man trotzdem ein derartiges Produkt nicht pauschal vom Markt nehmen. Unter bestimmten Umständen kann auch ein solches Produkt noch gewinnbringend sein.

Zuerst einmal kann natürlich versucht werden den Umsatz zu erhöhen. Dafür gibt es zwei Möglichkeiten, entweder über den Verkaufspreis oder die verkaufte Menge. Verkaufszahlen können beispielsweise mithilfe von Sales-Workshops für Personal oder durch gezielte Promotion angekurbelt werden. Preise könnten erhöht oder eventuell auch gesenkt werden.

Es gibt jedoch noch weitere Faktoren, die bedacht werden sollten. Ein solches Produkt könnte sich etwa dadurch lohnen, wenn dadurch weitere Produkte verkauft werden können und so der allgemeine Umsatz angekurbelt wird wie beispielsweise bei Verbundkäufen im Supermarkt. Ein Produkt mit negativem Deckungsbeitrag könnte außerdem Folgekäufe mit hohem Deckungsbeitrag nach sich ziehen wie es zum Beispiel bei einem Drucker der Fall ist, dessen Patronen die Anschaffungskosten des Druckers weit übersteigen können. Außerdem gilt es zu überprüfen, wie lange ein Produkt bereits auf dem Markt ist. Befindet sich ein Produkt noch in der Phase der Markteinführung ist es durchaus normal, dass nicht alle angefallenen Kosten direkt gedeckt werden können, sondern auf mehrere Jahre ausgelegt werden müssen. Wenn der Deckungsbeitrag II jedoch langfristig negativ ist, keine Aussicht auf Steigerung besteht, Kostenkalkulationen auf ihre Effektivität überprüft wurden, Marketingmaßnahmen sorgfältig überdacht wurden und andere positive Faktoren ausgeschlossen werden können, sollte man auch darüber nachdenken sich von einem solchen Produkt zu trennen. Auslöser könnte etwa ein Nachfragerückgang durch eine dauerhafte Trendwende oder eine Wirtschaftskrise sein.

# 4 Literaturverzeichnis

Amann, K. & Petzold, J. (2014). *Management und Controlling: Instrumente - Organisation – Ziele*. Wiesbaden: Springer Gabler.

Amoine, H. (1958). *Kennzahlen, Richtzahlen, Planungszahlen* (2. Auflage). Springer Fachmedien.

Botsis, D., Hausknecht, S., Hauke, C., Janssen, N., Kaiser, B., Rock, T. (2015). *Kennzahlen und Kennzahlensysteme für Banken*. Wiesbaden: Springer Gabler.

Brecht, U. (2012). *Controlling für Führungskräfte – Was Entscheider im Unternehmen wissen müssen* (2. Auflage). Wiesbaden: Springer Gabler.

Heesen, B. & Gruber, W. (2011). *Bilanzanalyse und Kennzahlen. Fallorientierte Bilanzoptimierung* (3. Aufl.). Wiesbaden: Gabler.

Schuster, T. & Collenberg, L. (2015). *Finanzierung: Finanzberichte, -kennzahlen, -planung*. Berlin Heidelberg: Springer Gabler.

# 5 Abbildungs- und Tabellenverzeichnis

## 5.1 Abbildungsverzeichnis

## 5.2 Tabellenverzeichnis